JN037681

神レンチン

あなたにやさしい電子レンジレシピ

河瀬璃菜

文藝春秋

たくさんの本の中から、この本を手にとっていただき、ありがとうございます。

家事としての料理って、「たまにする楽しい料理」とは違い「毎日続く」もの。献立を決めることから始まり、買い出し、食材管理に、調理に、後片付けなど、必要な時間や労力はとても大きいですよね。ましてや毎日3食、すべてしっかりやるとなると、その負担は相当なもの。

電子レンジのレシピに代表される、ラクするレシピに罪悪感を覚える方もいらっしゃるかもしれません。でも、仕事や育児でヘトヘト、料理する気力がない……、そんな日は、ラクをしたほうが絶対にいいと私は思います。

本書のレシピを使っていただいてもいいですし、お惣菜を買ってきても、レトルト食品を使ってもよし。浮いた時間を、自分のためや家族と過ごす時間にあてる。そんなふうに、毎日の暮らしに、少しでも余裕やゆとりができるとすてきですよね。

本書は、とにかくラクで、野菜がたっぷり摂れて、それなのにおいしい、火を使わず、電子レンジだけでできる、あなたにやさしい"神様みたいな"レシピを目指して、「神レンチン」というタイトルにしました。お惣菜もレトルト食品も野菜が不足しがちです。だからこの本の野菜中心のレシピが、そんな日の「もう一品」に役立てられれば、とてもうれしく思います。

無理をせずに「自分が心地よくいられる」方法を選択して、ごきげんでいることが、家族にとっても重要。手の込んだ料理は、気持ちや時間にゆとりがあるときに作って、自分や家族をいたわってあげればいいんです。

仕事に家事に育児にと、忙しい読者のみなさんの毎日が、少しでもラクに豊かになりますように。そして、みなさんが少しでもやさしい気持になれれば。そんな想いを込めて。

河瀬璃菜

第1章

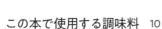

キャベツ
レタス
白菜
ニラ
ねぎ
ブロッコリー
ほうれん草
小松菜
チンゲン菜
きのこ

contents

Spinach

Broccoli

mushroom

Egg

第2章

トマト
なす
ピーマン
もやし
豆苗
豆類
かぼちゃ

第3章
じゃがいも
にんじん
大根
玉ねぎ
れんこん
さつまいも

神レンチン調理のコツ

電子レンジについて

■ レシピどおりに加熱してもムラがあったり、加熱が足りない部分がある場合は、混ぜてから再加熱、または容器の向きを変えて様子を見ながら再加熱をしてみてください。

■ 掲載レシピはすべて、試作のうえ掲載していますが、レンジの機種によっては熱量に微差が生じます。初めは様子を見ながら、加熱時間を調整してみてください。

■ 長時間加熱するものは特に、器が高温になります。
取り出すときは鍋つかみなどを使って、やけどに注意してください。

■ この本ではすべて、「600W」の電子レンジを想定してレシピを表記しています。「500W」「700W」「800W」の場合の加熱時間の目安は下記になります。参考にしてください。

600 W	500 W	700 W	800 W
1分	1分12秒	51秒	45秒
2分	2分24秒	1分42秒	1分30秒
3分	3分36秒	2分34秒	2分15秒
4分	4分48秒	3分25秒	3分
5分	6分	4分17秒	3分45秒
6分	7分12秒	5分8秒	4分30秒
7分	8分24秒	6分	5分15秒
8分	9分36秒	6分51秒	6分
9分	10分48秒	7分42秒	6分45秒
10分	12分	8分34秒	7分30秒

※電子レンジの機種によっても差が出ます。様子を見ながら調整してください。

耐熱容器について

■ ガラス製の耐熱ボウルを、大きさ違いで持っておくと便利です。

■ 使ってはいけないものは、ホーローの器、陶器、プラスチックや木製の器。アルミホイルやアルミの器も NG です。

■ 計量スプーンの「大さじ」と「小さじ」
本書のレシピは「大さじ」は 15cc、「小さじ」は 5cc です。もし計量スプーンがない場合は、「大さじ 1」はカレースプーンに 1 杯くらい、「小さじ 1」はティースプーンに 1 杯くらいが目安です。

■ 調味料の「少々」と「ひとつまみ」
「少々」・・・親指と人さし指の 2 本で軽くつまんだ量
「ひとつまみ」・・・親指、人さし指、中指の 3 本で軽くつまんだ量

■ 「にんにく 1 片」と「しょうが 1 かけ」
どちらもグラム数でいうと約5g、チューブを使う場合は 2 ～ 3cm ほどの量になります。お好みで調整してみてください。

■ 野菜の加熱時間について
野菜の保存状態や、ちょっとした切り方の違いで、加熱時間に差が出ることがあります。初めは様子を見ながら、調整してみてください。

■ 調味料について
使うもののメーカーによって、塩分量に差が生じることがあります。味見をしながら、調整してみてください。

この本で使用する調味料

本書のレシピで必要な調味料のラインナップです。
買い足すときは、使いきれずに賞味期限切れとならないよう、
使用頻度に合わせて容量、大きさを選んでください。

砂糖	塩	酢	しょうゆ	みそ

ホワイトペッパー、 ブラックペッパー	酒	ウスターソース	めんつゆ	ポン酢

ケチャップ	マヨネーズ	オイスターソース	スイートチリソース	はちみつ

鶏がらスープの素

コンソメキューブ

和風顆粒だしの素

ラー油

コチュジャン

和辛子

粒マスタード

一味唐辛子、
七味唐辛子

サラダ油

ごま油

オリーブオイル

しょうが、
にんにくチューブ

バター

レモン汁

カレー粉

| 番外編 | 河瀬のイチオシ！調味料 |

謹製 まさじろうさんの マルオウ純正胡麻油

とにかくごまの香りが際立つ一品。みそ汁や煮物など、色々な料理の仕上げに、たらりと垂らして使ってます。

ヤミー・ザ・パクチー・ソイソース

和風なのにエスニック。卵かけごはんや餃子、冷や奴などに合います。個人的には鰹のたたきにかけるのが最高。

つるかめ農園 本みりん

お酒をしっかり感じる、本格みりん。邪道ですが、バニラアイスにかけると高級スイーツに大変身！

第1章

キャベツ
レタス
白菜
ニラ
ねぎ
ブロッコリー
ほうれん草
小松菜
チンゲン菜
きのこ

マスタードがピリッときいた大人味

キャベツのコールスロー

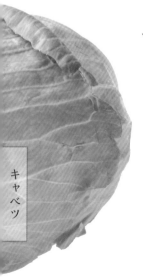

キャベツ

材料（2人分）

キャベツ…1/8個
A

| 酢…小さじ1
| マヨネーズ…大さじ1
| マスタード…小さじ1
| はちみつ…小さじ1
| 塩、こしょう…各少々

作り方

1 キャベツは千切りにする。**A** は混ぜ合わせる。

2 耐熱ボウルにキャベツを入れ、ふんわりとラップをして、電子レンジで2分加熱し、水けをしぼる。

3 **2** に **A** を入れて混ぜ合わせ、器に盛る。

卵ごとチンして華やかな一品

キャベツの巣ごもり

材料（2人分）

キャベツ…1/4個
卵…1個
しょうゆ…大さじ1
バター…10g
こしょう…少々

作り方

1 キャベツは千切りにする。

2 耐熱皿にキャベツとしょうゆを入れて混ぜ合わせ、真ん中に卵を落として卵黄につまようじで何箇所か穴を開ける。

3 **2**にふんわりとラップをし、電子レンジで4分加熱したら、バターをのせて、こしょうをふる。

塩ダレキャベツ

材料（2人分）

キャベツ…1/4個
白いりごま…少々
A
　鶏がらスープの素…小さじ2
　レモン汁…小さじ1
　にんにく（すりおろし）…1片
　ごま油…適量
　塩、こしょう…各少々

作り方

1 キャベツはざく切りにする。**A** は混ぜ合わせる。

2 耐熱ボウルにキャベツを入れ、ラップをせずに電子レンジで3分加熱する。

3 **2** に **A** を加えて混ぜ合わせ、器に盛り、白いりごまをふる。

キャベツ

ごはんのはし休めにもなるやみつきサラダ

レタスとわかめのサラダ

材料（2人分）

レタス…1/2玉
乾燥わかめ…2g
白いりごま…少々
A
　にんにく（すりおろし）…1片
　めんつゆ（3倍希釈のもの）
　　…小さじ1
　ごま油…大さじ1

作り方

1 レタスは食べやすい大きさにちぎる。乾燥わかめは水でもどして水けをきる。

2 耐熱ボウルにレタスを入れ、ふんわりとラップをして、電子レンジで1分30秒加熱し、水けをきる。

3 **2**に**1**のわかめと**A**を入れて混ぜ合わせ、器に盛り、白いりごまをふる。

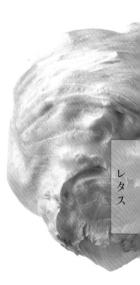

レタス

薬味とラー油でピリッとおいしい

レタスの香味油がけ

材料（2人分）

レタス…1/2玉
ラー油…適量
A
　ねぎ（みじん切り）…5cm分
　しょうが（みじん切り）…1かけ
　にんにく（みじん切り）…1片
　ごま油…大さじ1
　ポン酢…大さじ2
　砂糖…小さじ1
　塩、こしょう…各少々

作り方

1 レタスは食べやすい大きさにちぎる。

2 耐熱ボウルにレタスを入れ、ふんわりとラップをして、電子レンジで1分30秒加熱し、水けをきって器に盛る。

3 同じボウルに**A**を入れて混ぜ合わせ、ラップをせずに40秒加熱したら、**2**にかける。仕上げにラー油をまわしかける。

レタス

やさしい味つけと、とろ〜り卵でホッ

レタスと半熟卵のスープ

材料（2人分）

レタス…1/2玉
半熟卵…2個
A

| 水…400cc
| コンソメキューブ…1個
| 塩、こしょう…各少々

作り方

1 レタスは食べやすい大きさにちぎる。

2 耐熱ボウルに **A** とレタスを入れ、ふんわりとラップをして、電子レンジで 5 分加熱する。

3 **2** を混ぜ合わせてそれぞれの器に盛り、半熟卵を浮かべる。

半熟卵の作り方

耐熱ボウルに卵を割り入れ、水大さじ4を加えて、つまようじで黄身を数箇所刺す。ラップをせずに電子レンジで 50 秒ほど加熱したら、卵をすくってできあがり。

レタス

ごはんにもお酒にも合う万能副菜

白菜の梅おかかあえ

材料（2人分）

白菜…1/8個
かつお節…適量
A
　梅干し…2個
　（種を取り除きたたく）
　ポン酢…大さじ1
　ごま油…適量

作り方

1 白菜はざく切りにする。

2 耐熱ボウルに白菜を入れ、ふんわりとラップをし、電子レンジで5分加熱して、水けをしぼる。

3 **2**と**A**を混ぜ合わせて器に盛り、かつお節をのせる。

白菜

20

難しそうなクリーム煮もレンジで簡単に

白菜のマスタードクリーム

材料（2人分）

白菜… 1/8個
パセリ（みじん切り）…お好みで
A
  酒… 50cc
  生クリーム… 50cc
  マスタード…小さじ2
  にんにく（すりおろし）… 1片
  塩、こしょう…各少々

作り方

1 白菜はざく切りにする。

2 耐熱ボウルに白菜と **A** を入れてざっくり
と混ぜ合わせ、ふんわりとラップをして、
電子レンジで7分加熱する。

3 **2**を器に盛り、お好みでパセリをちらす。

白菜

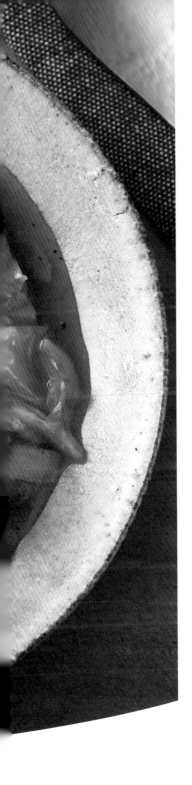

白菜とベーコンの中華うま煮

材料（2人分）

白菜…1/8個
ベーコン…2枚
水溶き片栗粉…大さじ1と1/2
ごま油…適量
A
　砂糖…小さじ1
　しょうゆ…大さじ1
　鶏がらスープの素…小さじ1/2
　水…100cc
　塩、こしょう…各少々

作り方

1 白菜はざく切りにする。ベーコンは1cm幅に切る。

2 耐熱ボウルに白菜、ベーコン、**A**を入れて混ぜ合わせ、ふんわりとラップをして、電子レンジで8分加熱する。

3 **2**に水溶き片栗粉を入れて混ぜ、とろみがついたら器に盛り、ごま油をまわしかける。

白菜

冷蔵庫にあまったニラで簡単にあと一品

ニラのごまマヨあえ

材料（2人分）

ニラ…1/2束
かつお節…適量
A
| 白すりごま…小さじ2
| マヨネーズ…大さじ1
| めんつゆ（3倍希釈）…小さじ2

作り方

1 ニラはざく切りにする。**A** は混ぜ合わせる。

2 耐熱ボウルにニラを入れ、ふんわりとラップをして、電子レンジで1分加熱し、水けをきる。

3 **2** に **A** を入れて混ぜ合わせ、器に盛り、かつお節をかける。

ニ
ラ

ごはんにはもちろん、お酒にも合います

ニラとちくわのぬた

材料（2人分）

ニラ…1/2束
ちくわ…1本
白いりごま…適量
A
　砂糖…小さじ2
　酢…小さじ2
　みそ…大さじ1
　和辛子…小さじ1

作り方

1 ニラはざく切りに、ちくわは輪切りにする。**A** は混ぜ合わせる。

2 耐熱ボウルにニラを入れ、ふんわりとラップをして、電子レンジで1分30秒加熱し、水けをきる。

3 **2**にちくわを入れてあえ、器に盛り、**A**をまわしかけて白いりごまをふる。

ニラ

しっかり味だからお弁当にもおすすめ

ニラ玉バター

材料（2人分）

ニラ…1/2束
卵…1個
めんつゆ（3倍希釈のもの）
　…大さじ1
バター…10g
糸唐辛子…お好みで

作り方

1 ニラはざく切りにする。卵は溶く。

2 耐熱ボウルにニラ、卵、めんつゆを入れ、ふんわりとラップをして、電子レンジで2分加熱する。

3 **2**にバターを入れて混ぜ合わせ、器に盛り、お好みで糸唐辛子をのせる。

ニラ

甘酸っぱさとねぎの辛みが食欲をそそる

ねぎのポン酢マリネ

材料（2人分）

ねぎ… 1本
レモン(いちょう切り)…お好みで
A
| ポン酢…大さじ2
| はちみつ…大さじ1
| ごま油…小さじ2

作り方

1 ねぎは 5 cm 幅に切る。**A** は混ぜ合わせる。

2 耐熱ボウルにねぎを入れ、ふんわりとラップをして、電子レンジで 3 分加熱する。

3 **2** に **A** を入れて混ぜ合わせ、器に盛り、お好みでレモンをのせる。

ねぎ

27

そうめんやラーメンにのせてもおいしい

たっぷりしょうがのピリ辛ねぎナムル

材料（2人分）

ねぎ… 2本
ごま油…適量
白いりごま…適量
糸唐辛子…お好みで
A
　│　しょうが(千切り)…1かけ
　│　コチュジャン…小さじ1
　│　塩、こしょう…各少々

作り方

1 ねぎは千切りにする。

2 耐熱ボウルにねぎと **A** を入れ、ふんわりとラップをして、電子レンジで3分加熱する。

3 **2**にごま油をまわしかけて混ぜ合わせ、器に盛り、白いりごまとお好みで糸唐辛子をのせる。

忙しい朝にも、小腹がすいた夜にも

ねぎのお吸い物

材料（2人分）

ねぎ… 1本
ごま油…適量
七味唐辛子…お好みで
A
　水…400cc
　和風顆粒だしの素…小さじ1
　薄口しょうゆ…大さじ1
　塩…ひとつまみ

作り方

1 ねぎは1cm幅くらいの斜め切りにする。

2 耐熱ボウルにねぎと**A**を入れて混ぜ合わせ、ふんわりとラップをして、電子レンジで5分加熱する。

3 **2**を器に盛り、ごま油をまわしかけ、お好みで七味唐辛子をふる。

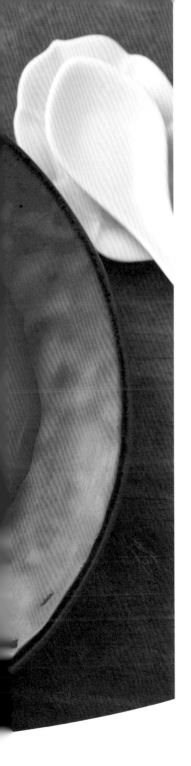

たっぷりねぎの
トロトロかに玉

材料（2人分）

ねぎ…1/2本
かにかま…50g
グリンピース…お好みで
A
| 卵…3個
| ごま油…適量
| 塩、こしょう…各少々

作り方

1 ねぎは粗みじん切りにする。かにかまは手でさく。**A** は混ぜ合わせる。

2 耐熱ボウルにねぎ、かにかま、**A** を入れて混ぜ合わせ、ふんわりとラップをして、電子レンジで3分加熱する。

3 **2**を器に盛り、お好みでグリンピースをのせる。

ねぎ

和食にも洋食にも合う万能おかず

ガーリックアンチョビブロッコリー

材料（2人分）

ブロッコリー…1/2株
にんにく（粗みじん切り）… 1片
塩、こしょう…各少々
A
　アンチョビ
　　（みじん切り）… 1枚
　オリーブオイル…大さじ1
　一味唐辛子…少々

作り方

1 ブロッコリーは小房に分ける。**A** は混ぜ合わせる。

2 耐熱ボウルにブロッコリーとにんにくを入れ、ふんわりとラップをして、電子レンジで1分30秒加熱する。

3 **2**に**A**を入れて混ぜ合わせ、塩こしょうで味をととのえて器に盛る。

ブロッコリー

ブロッコリーの中華あんかけ

材料（2人分）

ブロッコリー…1/2株
水溶き片栗粉…小さじ2
ごま油…適量
糸唐辛子…お好みで
A
　鶏がらスープの素…小さじ1/2
　水…100cc
　塩、こしょう…各少々

作り方

1 ブロッコリーは小房に分ける。

2 耐熱ボウルにブロッコリーを入れ、ふんわりとラップをして、電子レンジで1分30秒加熱し、器に盛る。

3 同じボウルに **A** を入れ、ふんわりとラップをして電子レンジで4分加熱したら、水溶き片栗粉を加えて混ぜ合わせ、とろみをつける。

4 **2**に**3**とごま油をまわしかけ、お好みで糸唐辛子をのせる。

ブロッコリー

パンの朝ごはんの「あと一品」に

ブロッコリーのタルタルあえ

材料（2人分）

ブロッコリー… 1/2株
ブラックペッパー…適量

A

ゆで卵(粗みじん切り)… 1個
らっきょう(粗みじん切り)… 1個
マヨネーズ…大さじ2
塩、こしょう…各少々

作り方

1 ブロッコリーは小房に分ける。**A**
は混ぜ合わせる。

2 耐熱ボウルにブロッコリーを入れ、
ふんわりとラップをして、電子レ
ンジで1分30秒加熱する。

3 **2**と**A**をよくあえて器に盛り、
ブラックペッパーをふる。

チーズの風味がトマトの酸味と好相性

ブロッコリーのトマトスープ

材料（2人分）

ブロッコリー… 1/2株
オリーブオイル…適量
パルメザンチーズ…適量
A
　無塩トマトジュース…400cc
　コンソメキューブ… 1個
　塩、こしょう…各少々

作り方

1 ブロッコリーは小房に分ける。

2 耐熱ボウルにブロッコリーと **A** を入れ、ふんわりとラップをして、電子レンジで5分加熱する。

3 **2** をざっくりと混ぜ合わせて器に盛り、オリーブオイルをまわしかけ、パルメザンチーズをふる。

ブロッコリー

ほうれん草と
油揚げの煮びたし

材料（2人分）

ほうれん草…1株
油揚げ…1枚
ごま油…適量
かつお節…適量

A

水…300cc
めんつゆ（3倍希釈）…大さじ1
しょうが（すりおろし）…1かけ
塩…ひとつまみ

作り方

1 ほうれん草はざく切りにする。油揚げは2cm角に切る。

2 耐熱ボウルに**1**と**A**を入れ、ふんわりとラップをして、電子レンジで4分加熱し、ごま油をまわしかける。

3 **2**を混ぜ合わせて器に盛り、かつお節をのせる。

ほうれん草

37

和食の定番副菜もレンジで簡単に

ほうれん草のごまたっぷりあえ

材料（2人分）

ほうれん草… 4株
白すりごま…大さじ1

A

| めんつゆ（3倍希釈）…小さじ2
| はちみつ…小さじ1
| しょうが（すりおろし）…1かけ
| 水…大さじ1

作り方

1 ほうれん草はざく切りにする。**A** は混ぜ合わせる。

2 耐熱ボウルにほうれん草を入れ、ふんわりとラップをして、電子レンジで2分加熱し、水けをしぼる。

3 **2** に、**A** とすりごまを入れて混ぜ合わせ、器に盛る。

ほうれん草

38

お弁当にもおすすめ、常備したい一品

小松菜のふりかけごはん

材料（2人分）

小松菜… 2株
かつお節…適量
ごはん…適量
A
　めんつゆ（3倍希釈）…大さじ1
　ごま油…適量

作り方

1 小松菜はみじん切りにする。

2 耐熱ボウルに小松菜と **A** を入れ、ラップをせずに電子レンジで8分加熱する。

3 **2**にかつお節を加えて混ぜ合わせ、ごはんの上にのせる。

小松菜

39

小松菜とトマトの
サンラータン

材料（2人分）

小松菜…1株
ミニトマト… 4個
水溶き片栗粉…大さじ1
ラー油…適量
ブラックペッパー…少々
A

> 水… 400cc
> 鶏がらスープの素…大さじ1
> しょうが(すりおろし)…1かけ
> しょうゆ…小さじ1
> 酢…小さじ1
> 塩…少々

作り方

1 小松菜はざく切りにする。ミニトマトはへたをとり、つまようじで3箇所ほど穴をあける。

2 耐熱ボウルに**1**と**A**を入れ、ふんわりとラップをして、電子レンジで8分加熱する。

3 **2**に水溶き片栗粉を入れて混ぜ合わせ、とろみがついたら器に盛り、ラー油をまわしかけ、ブラックペッパーをふる。

小松菜

41

みそとピーナツバターのコクでごはんがすすむ

チンゲン菜のクリーミー白和え

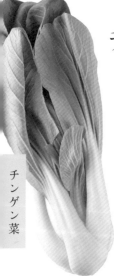

チンゲン菜

材料（2人分）

チンゲン菜…1株
絹豆腐（水切りする）…1/2丁
くるみ（砕く）…適量
A
　みそ…小さじ2
　ピーナツバター…小さじ1
　塩、こしょう…各少々

作り方

1 チンゲン菜はざく切りにする。**A**は混ぜ合わせる。

2 耐熱ボウルにチンゲン菜を入れ、ふんわりとラップをして、電子レンジで4分加熱し、水けをしぼる。

3 **2**に絹豆腐と**A**を入れてよく混ぜ合わせ、器に盛り、くるみをちらす。

少しの材料でできる具だくさんスープ

チンゲン菜と卵の中華スープ

材料（2人分）

チンゲン菜…1/2株
卵…1個
ごま油…適量
A
　水…400cc
　鶏がらスープの素…大さじ1
　塩、こしょう…各少々

作り方

1 チンゲン菜はざく切りにする。卵は溶く。

2 耐熱ボウルにチンゲン菜と **A** を入れ、ふんわりとラップをして、電子レンジで5分加熱する。

3 **2**に溶き卵を静かに流し入れ、ラップをせずに電子レンジで2分加熱し、混ぜ合わせてから器に盛り、ごま油をまわしかける。

チンゲン菜

あさりの缶詰を使ってお手軽チャウダー

きのこのチャウダー

き
の
こ

材料（2人分）

しめじ…1/2株
バター…20g
小麦粉…大さじ2
牛乳…400cc
コンソメキューブ…1個
あさり缶詰…1缶
パセリ（みじん切り）…適量
ブラックペッパー…少々

作り方

1 しめじは石づきをとってほぐす。

2 耐熱ボウルにしめじとバターを入れ、ふんわりとラップをして、電子レンジで3分加熱する。

3 2に小麦粉を入れて、粉っぽさがなくなるまで混ぜ合わせる。

4 3に牛乳を少しずつ入れてとろみが出たら、コンソメとあさりを汁ごと入れ、ふんわりとラップをして、電子レンジで5分加熱し（吹きこぼれに注意し、様子を見ながら）、器に盛ってパセリとブラックペッパーをふる。

ワインやビールのおつまみにも◎

しめじのごまペペロンチーノ

材料（2人分）

しめじ…1株
にんにく（みじん切り）…1片
ごま油…適量
一味唐辛子…少々
塩、こしょう…各少々
小ねぎ（小口切り）…適量

作り方

1 しめじは石づきをとってほぐす。

2 耐熱ボウルにしめじとにんにくを入れ、ふんわりとラップをし、電子レンジで2分加熱して、出た水分は捨てる。

3 2にごま油、一味唐辛子、塩、こしょうを入れて混ぜ合わせ、器に盛り、小ねぎをちらす。

き
の
こ

超簡単なおすすめ常備菜

しいたけのしぐれ煮

材料（2人分）

しいたけ…6〜7枚
A
めんつゆ（3倍希釈）…大さじ1
しょうが（すりおろし）…1かけ
砂糖…小さじ1

作り方

1 しいたけは軸を切り落として薄切りにする。

2 耐熱ボウルにしいたけと **A** を入れ、ふんわりとラップをして混ぜ合わせ、電子レンジで4分加熱し、器に盛る。

きのこ

ごはんはもちろん、お酒のおつまみにも

エリンギのキムチあえ

材料（2人分）

エリンギ… 6本
刻みのり…お好みで
A
| キムチ…100g
| ごま油…適量

作り方

1 エリンギは縦3等分に切る。

2 耐熱ボウルにエリンギを入れ、ふんわりとラップをして、電子レンジで5分加熱し、出た水分は捨てる。

3 **2** に **A** を混ぜ合わせて器に盛り、お好みで刻みのりをちらす。

第 2 章

トマト
なす
ピーマン
もやし
豆苗
豆類
かぼちゃ

トロトロチーズとトマトの酸味が美味

ツナマヨトマトのチーズグラタン

材料（2人分）

トマト…1個
スライスチーズ…1枚
パセリ（みじん切り）…お好みで
A
ツナ缶（オイルを切る）…1缶
マヨネーズ…大さじ1
みそ…小さじ1
塩、こしょう…各少々

作り方

1 トマトはざく切りにする。

2 耐熱皿にトマトと、ざっくりと混ぜ合わせた **A** を入れ、スライスチーズをのせて、ラップをせずに電子レンジで2分加熱する。

3 **2**にお好みでパセリをちらす。

トマト

ごはん何杯でもいけちゃうピリ辛味

トマトのしょうがみそごはん

材料（2人分）

トマト…1個
青じそ(千切り)…お好みで
ごはん…適量
A
┃ みそ…大さじ1
┃ コチュジャン…小さじ1
┃ しょうが(すりおろし)…1かけ

作り方

1 トマトはざく切りにする。

2 耐熱ボウルにトマトと **A** を入れて軽く混ぜ合わせ、ラップをせずに電子レンジで10分加熱する（途中5分ごとに混ぜながら）。

3 よく混ぜ合わせた **2** をごはんの上にのせ、お好みで青じそをちらす。

トマト

トマトと卵の
ザーサイあえ

材料（2人分）

トマト…1個
ザーサイ…20g
ごま油…適量
小ねぎ(小口切り)…適量
A

  卵(溶く)…2個分
  オイスターソース…小さじ2
  塩、こしょう…各少々

作り方

1 トマトは乱切りにする。ザーサイは
みじん切りにする。

2 耐熱ボウルに、トマトと**A**を入れ
て混ぜ合わせ、ふんわりとラップ
をして、電子レンジで3分加熱す
る。

3 **2**にザーサイを加えて混ぜ合わせ、
器に盛り、小ねぎをちらしてごま
油をまわしかける。

トマト

コチュジャンのピリ辛で食欲アップ

ピリ辛蒸しなす

材料（2人分）

なす…2本
青じそ（千切り）…お好みで
A
　コチュジャン…小さじ1
　ポン酢…大さじ1
　はちみつ…小さじ1
　ごま油…適量
　塩、こしょう…各少々

作り方

1 なすはくし切りにする。**A**は混ぜ合わせる。

2 耐熱ボウルになすを入れ、ふんわりとラップをして、電子レンジで4分加熱する。

3 **2**に**A**を加えて混ぜ合わせ、器に盛り、お好みで青じそをのせる。

甘辛味のくったりなすが美味

なすの照り焼き風

材料（2人分）

なす… 2本
糸唐辛子…お好みで
A
　しょうゆ…大さじ1
　はちみつ…大さじ1
　酒…小さじ2
　ごま油…適量

作り方

1 なすは1cm幅の輪切りにする。

2 耐熱ボウルになすと**A**を入れて混ぜ合わせ、ラップをせずに電子レンジで8分加熱する。

3 **2**を器に盛り、お好みで糸唐辛子をちらす。

なす

ワインにもビールにも合う！

なすと焼き鳥缶の アヒージョ

材料（2人分）

なす…1本
焼き鳥缶…1缶
小ねぎ(小口切り)…お好みで
A

> オリーブオイル…80cc
> にんにく(みじん切り)…1片
> 赤唐辛子(輪切り)…適量
> 塩、こしょう…各少々

作り方

1 なすは1cm幅の半月切りにする。

2 耐熱皿になすと焼き鳥を汁ごととA
を入れて軽く混ぜ合わせ、ふんわり
とラップをして、電子レンジで7分
加熱する。

3 **2**にお好みで小ねぎをちらす。

なす

ピーマンとさつま揚げの煮物

材料（2人分）

ピーマン…3個
さつま揚げ…70g
和辛子…お好みで

A

水…100cc
砂糖…小さじ1
めんつゆ（3倍希釈）…大さじ2
しょうが（すりおろし）…1かけ

作り方

1 ピーマンはざく切りにする。さつま揚げは1cm幅に切る。

2 耐熱ボウルにピーマンとさつま揚げと**A**を入れ、ふんわりとラップをして、電子レンジで5分加熱する。

3 **2**を混ぜ合わせて器に盛り、お好みで和辛子を添える。

辛みそピーマン

材料（2人分）

ピーマン…4個
白いりごま…適量

A

コチュジャン…小さじ1
みそ…小さじ1
はちみつ…小さじ1

作り方

1 ピーマンは細切りにする。**A**は混ぜ合わせる。

2 耐熱ボウルにピーマンと**A**を入れ、ふんわりとラップをして、電子レンジで3分加熱する。

3 **2**を混ぜ合わせて器に盛り、白いりごまをふる。

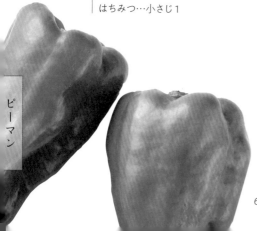

ピーマン

ピーマン

61

箸が止まらないポン酢とバターのハーモニー

ピーマンのコクうまバタポン

材料（2人分）

ピーマン…4個
塩、こしょう…各少々
かつお節…適量
A
| バター…5g
| しょうが（すりおろし）…1かけ
| ポン酢…大さじ2

作り方

1 ピーマンは2cm角に切る。

2 耐熱ボウルにピーマンを入れ、ふんわりとラップをして、電子レンジで3分加熱する。

3 **2**に**A**を加えてよく混ぜ合わせ、塩こしょうで味をととのえて器に盛り、かつお節をのせる。

ピーマン

にんにくとごま油でパンチのある一品に

もやしとのりのナムル

材料（2人分）

もやし…1袋
のり（ちぎる）…適量
七味唐辛子…お好みで
A
　鶏がらスープの素…小さじ1
　にんにく（すりおろし）…1片
　ごま油…大さじ1
　塩、こしょう…各少々

作り方

1 耐熱ボウルにもやしを入れ、ふんわりとラップをして、電子レンジで2分加熱し、水けをきる。

2 **1**にのりと**A**を加えて混ぜ合わせ、器に盛り、お好みで七味唐辛子をふる。

もやし

カレーとバターの黄金タッグ！

もやしのカレバタあえ

材料（2人分）

もやし…1袋
小ねぎ(小口切り)…お好みで
A
| カレー粉…小さじ1
| バター…10g
| しょうゆ…小さじ1
| 塩、こしょう…各少々

作り方

1 耐熱ボウルにもやしを入れ、ふんわりとラップをして、電子レンジで2分加熱し、水けをきる。

2 **1**に **A** を加えてよく混ぜ合わせて器に盛り、お好みで小ねぎをちらす。

もやし

隠し味はピリッと効かせた和辛子

もやしとハムの中華サラダ

材料（2人分）

もやし…1袋
スライスハム…3枚
白いりごま…適量
A
┃ ポン酢…大さじ1
┃ はちみつ…小さじ1
┃ ごま油…小さじ1
┃ 和辛子…小さじ2
┃ 塩、こしょう…各少々

作り方

1 ハムは細切りにする。

2 耐熱ボウルにもやしを入れ、ふんわりとラップをして、電子レンジで2分加熱し、水けをきる。

3 **2**にハムと**A**を加え、よく混ぜ合わせて器に盛り、白いりごまをふる。

豆苗の香りとにんにくがベストマッチ

豆苗の塩にんにくあえ

材料（2人分）

豆苗…1袋
にんにく（みじん切り）…1片
糸唐辛子…お好みで
A
　ごま油…適量
　鶏がらスープの素…小さじ1
　塩、こしょう…各少々

作り方

1 豆苗はざく切りにする。

2 耐熱ボウルに豆苗とにんにくを入れ、ふんわりとラップをして、電子レンジで1分30秒加熱し、水けをきる。

3 **2**に**A**を加えて混ぜ合わせ、器に盛り、お好みで糸唐辛子をのせる。

豆苗

即席のおつまみにもおすすめ！

豆苗のなめ茸あえ

材料（2人分）

豆苗…1袋
なめ茸…大さじ2
ポン酢…大さじ1
かつお節…適量

作り方

1 豆苗はざく切りにする。

2 耐熱ボウルに豆苗を入れ、ふんわりとラップをして、電子レンジで1分30秒加熱し、水けをきる。

3 **2**になめ茸とポン酢を加えて混ぜ合わせ、器に盛り、かつお節をちらす。

豆苗

梅干しの酸味がさわやかに香る

豆苗とサラダチキンの梅マヨ

材料（2人分）

豆苗…1袋
サラダチキン…100g
梅干し(種を取り除きたたく)…1個
A
| マヨネーズ…大さじ1
| ポン酢…小さじ1
| 白すりごま…大さじ1

作り方

1 豆苗はざく切りにする。サラダチキンは手で細かくほぐす。

2 耐熱ボウルに豆苗を入れ、ふんわりとラップをして、電子レンジで1分30秒加熱し、水けをきる。

3 **2**にサラダチキンと梅干しと**A**を加えて混ぜ合わせ、器に盛る。

豆苗

枝豆のクリチあえ

豆類

材料（2人分）

枝豆…150g
クリームチーズ…50g
めんつゆ（3倍希釈）…小さじ2
かつお節…適量

作り方

1 クリームチーズは1cm角に切る。

2 耐熱ボウルに枝豆（さやごと）と
水大さじ1（分量外）を入れ、ふ
んわりとラップをして、電子レンジ
で3分加熱する。

3 **2**の豆をさやから出し、クリーム
チーズ、めんつゆ、かつお節とあ
えて、器に盛る。

70

台湾の朝ごはんを電子レンジでお手軽に

シェントウジャン

材料（2人分）

無調整豆乳… 400cc
ラー油…適量
A
 酢…大さじ2
 ごま油…適量
 しょうゆ…小さじ1
B
 桜えび…適量
 ザーサイ…適量
 小ねぎ(小口切り)…適量

作り方

1 **A**は混ぜ合わせる。

2 耐熱ボウルに豆乳を入れ、ふんわりと
ラップをして、電子レンジで3分加熱
する。

3 **2**に**1**を加えて混ぜ合わせ、固まってき
たら器に盛り、**B**をのせてラー油をまわ
しかける。

豆
類

71

ミックスビーンズの
チリコンカン風

材料（2人分）

ソーセージ…2本
ミックスビーンズ…100g
オリーブオイル…適量
パセリ（みじん切り）…お好みで
A
| トマトケチャップ…大さじ2
| ウスターソース…大さじ1
| チリペッパー
| （なければ一味唐辛子）…小さじ1/2
| にんにく（すりおろし）…1片
| 塩、こしょう…各少々

作り方

1 ソーセージは粗みじん切りにする。

2 耐熱ボウルにソーセージとミックスビーンズと **A** を入れて混ぜ合わせ、ふんわりとラップをして、電子レンジで5分加熱する。

3 **2**にオリーブオイルをまわしかけて器に盛り、お好みでパセリをちらす。

豆
類

甘じょっぱさが後を引く

オイマヨかぼちゃ

かぼちゃ

材料（2人分）

かぼちゃ…1/6個
パセリ(みじん切り)
　…お好みで
バター…5g
A
　オイスターソース…大さじ1
　マヨネーズ…小さじ2

作り方

1 かぼちゃは2cm角に切る。**A**は混ぜ合わせる。

2 耐熱ボウルにかぼちゃと水小さじ1（分量外）を入れ、ふんわりとラップをして、電子レンジで4分加熱する。

3 水けをきった**2**にバターを加えて溶かし、**A**も加えて混ぜ合わせ、器に盛り、お好みでパセリをふる。

74

朝ごはんにおすすめのやさしいスープ

かぼちゃのポタージュ

材料（2人分）

かぼちゃ…1/4個
牛乳…200cc
バター…10g
パセリ（みじん切り）
　…お好みで
A
　水…200cc
　コンソメキューブ…1個
　塩、こしょう…各少々

作り方

1 かぼちゃは2cm角に切り、皮をむく。

2 耐熱ボウルにかぼちゃと **A** を入れ、ふんわりとラップをして、電子レンジで10分加熱し、なめらかになるまでよくつぶす。

3 **2**に牛乳とバターを加え、ラップをせずに1分加熱し、よく混ぜ合わせて器に盛り、お好みでパセリをちらす。

サバみそ缶とかぼちゃの意外な組み合わせ

かぼちゃのサバみそそぼろあんかけ

材料（2人分）

かぼちゃ…1/6個
サバみそ缶…80g
水溶き片栗粉…大さじ1
小ねぎ（小口切り）…お好みで
A

  和風顆粒だしの素…小さじ1/3
  水…100cc
  しょうゆ…大さじ1/2
  しょうが（すりおろし）…適量
  塩、こしょう…各少々

作り方

1 かぼちゃは2cm角に切る。サバみそは身をほぐす。

2 耐熱ボウルに**1**と**A**を入れ、ふんわりとラップをして、電子レンジで7分加熱する。

3 **2**にサバみそを入れて混ぜ合わせ、そこに水溶き片栗粉も加えて混ぜ、とろみがついたら器に盛り、お好みで小ねぎをちらす（とろみが足りないときは、1〜2分追加で加熱する）。

トロトロかぼちゃとトマトクリームがたまらない

トマトクリームかぼちゃ

材料（2人分）

かぼちゃ… 1/6個
パセリ（みじん切り）…お好みで
A
├ トマトジュース… 100cc
│ 生クリーム… 大さじ3
│ コンソメキューブ… 1/2個
└ 塩、こしょう…各少々

作り方

1 かぼちゃは2cm角に切る。

2 耐熱ボウルにかぼちゃと **A** を入れ、ふんわりとラップをして、電子レンジで8分加熱する。

3 **2**を混ぜ合わせて器に盛り、お好みでパセリをちらす。

かぼちゃ

第 3 章

じゃがいも
にんじん
大根
玉ねぎ
れんこん
さつまいも

バターとマヨネーズでコクのある味わいに

青のりとじゃがいものポテサラ

じゃがいも

材料（2人分）

じゃがいも…2個
バター…5g
マヨネーズ…大さじ1
塩…ひとつまみ
こしょう…少々
青のり…適量

作り方

1 じゃがいもは皮をむき、乱切りにする。

2 耐熱ボウルにじゃがいもと水小さじ1（分量外）を入れ、ふんわりとラップをして、電子レンジで4分加熱し、水けをきる。

3 2にバターを加えて溶かし、マヨネーズと塩、こしょうを加えて混ぜ合わせ、器に盛り、青のりをふる。

忙しい朝のあともう一品に！

じゃがいもとソーセージのオムレツ

材料（2人分）

じゃがいも…1個
ソーセージ…2本
トマトケチャップ…適量
A
| 卵…2個
| 生クリーム…大さじ1
| シュレッドチーズ…20g
| 塩、こしょう…各少々

作り方

1 じゃがいもは皮をむき、千切りにする。ソーセージは輪切りにする。**A** は混ぜ合わせる。

2 耐熱ボウルにじゃがいもとソーセージを入れ、ふんわりとラップをして、電子レンジで2分加熱する。さらに **A** を加えてふんわりとラップをして、7分加熱する。

3 **2**をボウルから取り出して切り、器に盛ってケチャップを添える。

サンドイッチにはさんでも美味

カレーマッシュポテト

材料（2人分）

じゃがいも…2個
黒こしょう…少々
A
　牛乳…大さじ2
　カレー粉…小さじ1
　塩…小さじ1/2

作り方

1 じゃがいもは皮をむき、乱切りにする。

2 耐熱ボウルにじゃがいもと水小さじ1（分量外）を入れ、ふんわりとラップをして、電子レンジで7分加熱し、水けをきる。

3 **2**のじゃがいもをつぶし、**A**を入れてよく混ぜ合わせ、器に盛り、黒こしょうをふる。

メインにもなるおかずサラダ

にんじんとサラダチキンのエスニック風

材料（2人分）

にんじん…1本
サラダチキン…100g
パクチー（ざく切り）…お好みで
A
  スイートチリソース…大さじ1
  マヨネーズ…大さじ1

作り方

1 にんじんは皮をむき、太めの千切りにする。サラダチキンは食べやすい大きさに手で細かくほぐす。**A**は混ぜ合わせる。

2 耐熱ボウルににんじんを入れ、ふんわりとラップをして、電子レンジで1分30秒加熱する。

3 **2**に**A**とサラダチキンを入れて混ぜ合わせ、器に盛り、お好みでパクチーをのせる。

にんじん

たくさん作って常備菜にするのもおすすめ

キャロットラペ

材料（2人分）

にんじん…1本

A

砂糖…大さじ1
塩…少々
酢…大さじ1
粒マスタード…小さじ2
オリーブオイル…小さじ2

作り方

1 にんじんは皮をむき、太めの千切りにする。**A** は混ぜ合わせる。

2 耐熱ボウルににんじんを入れ、ふんわりとラップをして、電子レンジで2分加熱する。

3 **2**に **A** を混ぜ合わせ、器に盛る。

にんじんのジンジャーハニーグラッセ

材料（2人分）

にんじん…1本
チャービル…お好みで
A
　バター…20g
　はちみつ…大さじ2
　しょうが(すりおろし)…1かけ
　塩…ひとつまみ

作り方

1 にんじんは皮をむき、5mm厚さの輪切りにする。

2 耐熱ボウルににんじんと**A**を入れ、ふんわりとラップをして、電子レンジで5分加熱する。

3 **2**を混ぜ合わせて器に盛り、お好みでチャービルを添える。

にんじん

87

煮込まなくてもしみしみ、驚きの美味

簡単ふろふき大根

材料（2人分）

大根…1/6本
ゆずの皮(千切り)…お好みで
A
　和風顆粒だしの素…小さじ1/2
　水…200cc
B
　みそ…大さじ1
　はちみつ…大さじ1/2

作り方

1 大根は皮を厚めにむき、1cm幅のいちょう切りにする。**A**と**B**はそれぞれ混ぜ合わせる。

2 耐熱ボウルに大根と**A**を入れ、ふんわりとラップをして、電子レンジで7分加熱する。

3 **2**の汁けをきって器に盛り、**B**をかけて、お好みでゆずの皮をちらす。

大根

具だくさんでお酒のおつまみにも◎

ちくわと大根の麻婆風

材料（2人分）

大根…1/6本
ちくわ…1本
水溶き片栗粉…大さじ1
ラー油…適量
小ねぎ（小口切り）
　…お好みで

A

水…200cc
砂糖…小さじ1
コチュジャン…大さじ1
鶏がらスープの素…小さじ1
しょうが（すりおろし）…1かけ
にんにく（すりおろし）…1片
塩、こしょう…各少々

作り方

1 大根は皮をむき、5mm幅のいちょう切りにする。ちくわは輪切りにする。**A**は混ぜ合わせる。

2 耐熱ボウルに大根とちくわと**A**を入れ、ふんわりとラップをして、電子レンジで10分加熱する。

3 **2**に水溶き片栗粉を入れてとろみをつけて器に盛り、ラー油をまわしかけ、お好みで小ねぎをちらす。

大根

89

あと一品欲しいときの強い味方！

大根のきんぴら

材料（2人分）

大根…1/6本
ごま油…適量
白いりごま…適量
糸唐辛子…お好みで
A
 砂糖…大さじ1
 しょうゆ…大さじ1
 しょうが(すりおろし)…1かけ
 水…大さじ1
 塩、こしょう…各少々

作り方

1 大根は皮をむき千切りにする。**A**は混ぜ合わせる。

2 耐熱ボウルに大根と**A**を入れ、ラップをせずに電子レンジで8分加熱する。

3 **2**にごま油を入れて混ぜ合わせ、器に盛って、白いりごまをふり、お好みで糸唐辛子をのせる。

鍋いらず、レンチンだけでみそ汁が作れます

大根とキャベツのみそ汁

材料（2人分）

大根…1/4本
キャベツ…1/8個
みそ…大さじ1
小ねぎ（小口切り）…お好みで
A
　水…400cc
　和風顆粒だしの素…小さじ1

作り方

1 大根は皮をむき 5mm 幅のいちょう切りにする。キャベツはざく切りにする。

2 耐熱ボウルに大根、キャベツ、**A** を入れ、ふんわりとラップをして、電子レンジで 10 分加熱する。

3 **2**にみそを溶き入れて混ぜ合わせ、器に盛って、お好みで小ねぎをちらす。

大
根

パンの朝ごはんにプラスで豪華に！

オニオングラタンスープ

玉ねぎ

材料（2人分）

玉ねぎ… 1/2個
バター… 10g
塩、こしょう…各少々
食パン… 1枚
シュレッドチーズ… 30g
パセリ(みじん切り)…お好みで
A
　水… 400cc
　コンソメキューブ(刻む)…1個

作り方

1 玉ねぎは皮をむき、薄切りにする。

2 耐熱ボウルに玉ねぎ、バター、塩、こしょうを入れ、ふんわりとラップをして、電子レンジで5分加熱する。

3 **2**に**A**を入れて混ぜ合わせ、器にとり分けてから食パン、シュレッドチーズをのせ、ラップをせずに電子レンジで5分加熱し、お好みでパセリをちらす。

ごはんにかければヘルシー丼の完成

玉ねぎと油揚げのすき焼き風

材料（2人分）

玉ねぎ…1個
油揚げ…2枚
卵黄…1個分
紅しょうが…お好みで
A
　砂糖…大さじ1
　水…50cc
　めんつゆ（3倍希釈）…大さじ3
　しょうが（すりおろし）…1かけ

作り方

1 玉ねぎは皮をむき、くし切りにする。油揚げは2cm幅に切る。

2 耐熱ボウルに玉ねぎ、油揚げ、**A**を入れ、ふんわりとラップをして、電子レンジで10分加熱する。

3 **2**を混ぜ合わせて器に盛り、卵黄、お好みで紅しょうがをのせる。

玉ねぎ

玉ねぎの煮びたし

材料（2人分）

玉ねぎ…1個
かつお節…適量
A

| めんつゆ（3倍希釈）…80cc
| 水…200cc

作り方

1 玉ねぎは皮をむき、たて4等分に切る。

2 耐熱ボウルに玉ねぎと **A** を入れ、ふんわりをラップをして、電子レンジで10分加熱する。

3 **2** を器に盛り、かつお節をのせる。

ごはんがすすむ玉ねぎみそ

材料（2人分）

玉ねぎ…1/2個
ごま油…適量
白いりごま…適量
A

| みそ…大さじ1/2
| しょうが（すりおろし）…適量
| はちみつ…大さじ1/2

作り方

1 玉ねぎは皮をむき、薄切りにする。**A** は混ぜ合わせる。

2 耐熱ボウルに玉ねぎを入れ、ふんわりとラップをして、電子レンジで5分加熱する。

3 **2** に **A** を混ぜ合わせ、器に盛り、ごま油をまわしかけて、白いりごまをふる。

玉ねぎ

サラダ感覚で食べられるしっかり味のおかず

明太ツナれんこん

れんこん

材料（2人分）

れんこん…120g
明太子…1本分
青じそ…適量
A
　ツナ…1缶
　バター…10g
　塩、こしょう…各少々

作り方

1 れんこんは皮をむき5mm幅のいちょう切りにし、酢水（水1カップに酢小さじ1/2程度）にさらす。明太子は皮から身を出す。青じそはみじん切りにする。

2 耐熱ボウルにれんこんを入れ、ふんわりとラップをして、電子レンジで4分加熱し、水けをきる。

3 **2**に明太子と**A**を入れて混ぜ合わせ、器に盛り、青じそをちらす。

お弁当のおかずにもおすすめの常備菜レシピ

れんこんの甘酢あえ

材料（2人分）

れんこん…120g
小ねぎ（小口切り）…お好みで
A
　ポン酢…大さじ3
　はちみつ…大さじ1
　塩、こしょう…各少々

作り方

1 れんこんは皮をむき5mm幅のいちょう切りにする。

2 耐熱ボウルにれんこんと**A**を入れ、ラップをせずに電子レンジで5分加熱する。

3 **2**を混ぜ合わせて器に盛り、お好みで小ねぎをちらす。

れんこん

れんこん

ガーリックハーブれんこん

材料（2人分）

れんこん…150g
にんにく（みじん切り）…1片
A
| ドライバジル…少々
| 塩…ひとつまみ
| 黒こしょう…少々
| オリーブオイル…適量

作り方

1 れんこんは皮をむき、5mm厚さの半月切りにし、酢水（水1カップに酢小さじ1/2程度）にさらす。

2 耐熱ボウルにれんこんとにんにくを入れ、ふんわりとラップをして、電子レンジで3分加熱し、水けをきる。

3 **2**に**A**を入れて混ぜ合わせ、器に盛る。

れんこんのみそすり流し汁

材料（2人分）

れんこん…100g
みそ…大さじ1
小ねぎ（小口切り）…お好みで
A
| 水…400cc
| 和風顆粒だしの素…小さじ1
| しょうが（すりおろし）…1かけ

作り方

1 れんこんは皮をむいてすりおろす。

2 耐熱ボウルにれんこんと**A**を入れ、ふんわりとラップをして、電子レンジで5分加熱する。

3 **2**にみそを溶かして混ぜ合わせ、器に盛り、お好みで小ねぎをちらす。

れんこん

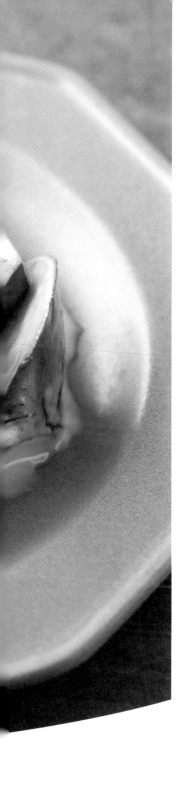

さつまいもの ハニーヨーグルトサラダ

材料（2人分）

さつまいも(中)…1個
くるみ(砕く)…お好みで
イタリアンパセリ…お好みで
A
　無糖ヨーグルト…大さじ2
　はちみつ…大さじ1
　レモン汁…小さじ1
　塩、こしょう…各少々

作り方

1 さつまいもは一口大に切る。**A** は混ぜ合わせる。

2 耐熱ボウルにさつまいもと水小さじ1（分量外）を入れ、ふんわりとラップをして、電子レンジで4分加熱し、水けをきる。

3 **2**に **A** を入れて混ぜ合わせ、器に盛り、お好みでくるみとイタリアンパセリをのせる。

さつまいも

スイーツがわりのおやつにもおすすめ

さつまいもの甘辛バター煮

材料（2人分）

さつまいも(中)…1個
白いりごま…適量
A
| 水…100c
| バター…10g
| めんつゆ(3倍希釈)…50cc
| はちみつ…大さじ2

作り方

1 さつまいもは1cm厚さの輪切りにする。

2 耐熱ボウルにさつまいもと**A**を入れ、ふんわりとラップをして、電子レンジで8分加熱する。

3 **2**を混ぜ合わせて器に盛り、白いりごまをふる。

さつまいも

4工程でできあがる驚きのグラタンレシピ

さつまいものカルボグラタン

材料（2人分）

さつまいも(中)…1個
スライスチーズ…1枚
バター…20g
小麦粉…大さじ1
パセリ(みじん切り)…お好みで
A
| 牛乳…100cc
| みそ…小さじ2
| 塩、こしょう…各少々

作り方

1 さつまいもは1cm幅の輪切りにする。**A**は混ぜ合わせる。

2 耐熱ボウルにさつまいもと水小さじ1（分量外）を入れ、ふんわりとラップをして、電子レンジで4分加熱し、水けをよくきる。

3 **2**にバターを入れて溶かし、小麦粉を加えて粉っぽさがなくなるまで混ぜ合わせる。

4 **3**に**A**を少しずつ入れて混ぜ合わせ、耐熱皿に入れてチーズをのせ、ラップをせずに電子レンジで1分30秒加熱し、お好みでパセリをちらす。

さつまいも

基本的な
野菜の切り方

本書に登場する、おもな野菜の切り方をご紹介します。

小口切り

ねぎや小ねぎなど、細長い食材を端から一定の幅で切ります。

くし切り

球形の野菜を、くしの形になるよう切ります。縦半分に切って切り口を下にし、中心から放射状になるよう、斜めに包丁を入れて切っていきます。

半月切り

切り口が丸い野菜を縦半分に切り、平らな面を下にして、端から垂直に切っていきます。厚さは料理によって、その時々にふさわしい厚さで切ります。

細切り

薄切りにした野菜を、端から均等に
細長く切っていきます。千切りより
も少し太く、きんぴらや野菜炒めな
ど、歯ごたえを少し残したいときの
切り方です。

千切り

野菜を1～2mm幅に細く切ります。
サラダなど、生や生に近い状態で
食べるときには千切りが向いていま
す。

いちょう切り

切り口が丸い野菜を縦半分に切り、平らな面を下にして、さらに縦半分に切り、端から垂直に切っていきます。いちょうの葉の形に似ているため、こう呼ばれています。

薄切り（玉ねぎの場合）

縦半分に切って芯を取り除き、平らな面を下にして、端から繊維に沿って垂直に切っていきます。厚さは、1mm〜2mm程度が基本です。

角切り

野菜をサイコロのように、立方体に切ります。スープや煮物などによく用いられる切り方です。

乱切り

野菜を回しながら切り、不規則な形になるように切っていきます。それぞれの形は違っても、火の通り加減にムラができないよう、大きさをそろえることが大切です。

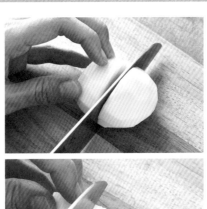

みじん切り

野菜を細かく、1mm～2mm角に切ります。本書では、ねぎ、にんにく、しょうがなどの薬味野菜に多用している切り方です。みじん切りよりすこし大きく切る場合は、粗みじん切りといいます。

鮮度を保つ 野菜の保存方法

一度の調理で野菜を使い切れず、余らせてしまうことは
よくあります。そんなときに知っておくと
ちょっと便利な、野菜の保存方法をご紹介します。

もやし

安くて調理しやすく、おいしくて、いいとこ
だらけのもやしですが、唯一の欠点は傷み
やすいこと。でも、買ってきたその日に保
存容器にもやしを入れ、ひたひたになるく
らいの水を注いで冷蔵庫で保存すれば、日
持ちします。毎日水を取り替えることを忘
れずに。

ニラ

一度の調理で使い切れず、冷蔵庫の片隅で
シナシナになっている……ニラあるあるで
すね。でも、保存するときのひと手間で、
約1週間はシャキッと保つことができます。
保存容器にニラを切って入れ、ひたひたの
水を注ぎ冷蔵庫で保存。3日に一度は水を
取り替えることを忘れずに。

ブロッコリー

日持ちしない、でも一度の調理で使い切れないことが多いブロッコリー。茎の部分につまようじを数本刺すだけで、成長スピードを抑えて鮮度をキープできるのです。さらに、全体をキッチンペーパーで軽く包み、冷蔵庫のチルド室などで保存すればさらに長持ち。常温保存は NG です！

キャベツ

一度や二度の調理では、めったに使い切れないキャベツやレタス。これらの野菜もブロッコリーと同じく、芯に数本のつまようじを刺し、ポリ袋に入れて冷蔵庫で保存するだけで鮮度を保つことができます。ただ、力が必要な作業なので、100 円ショップなどで売っている専用グッズを使うのもおすすめです。

ほうれん草・小松菜

買ってきたまま冷蔵庫に入れておくと、2〜3日でしおれてしまう葉物野菜。これらを生のまま長持ちさせる方法は、まず根の部分を水につけて、水分を補給させること。その後、濡らしたキッチンペーパーで全体をふんわりと包んでポリ袋に入れ、冷蔵庫に立てて保存します。これで1週間は鮮度が保てます。

河瀬璃菜（かわせ りな）

料理研究家・フードコーディネーター。
1988年5月8日生まれ。福岡県出身。レシピ開発、商品開発、食の企画やコンサルティング、レシピ動画制作、企画執筆、編集、イベントメディア出演、料理教室、また、大手企業TVCMやポスター広告への出演など、食にまつわる多岐にわたる活動を行う。近年は、地方を元気にするための6次産業化商品の開発に力を入れる。出版物としては、『ジャーではじめるDETOX WATER』（双葉社）、『決定版！節約冷凍レシピ』（宝島社）、『発酵いらずのちぎりパン』（ダイアプレス）などに関わる。

Blog：https://lineblog.me/linakawase/
Twitter：https://twitter.com/linasuke0508

デザイン　野中深雪
撮影　　　志水隆
編集協力　株式会社コサエルワーク
調理　　　金英貨（キム ヨンハ）
DTP　　　株式会社ユーホーワークス
イラスト　大野郁美（mill inc.）

神レンチン
あなたにやさしい電子レンジレシピ

2020年5月15日　第1刷発行

著　者　河瀬璃菜
発行者　島田 真
発行所　株式会社 文藝春秋
　　　　〒102-8008 東京都千代田区紀尾井町 3-23
　　　　電話　03-3265-1211
印刷所　図書印刷
製本所　図書印刷